LUCA STEFANO CRISTINI

# I SOLDATI DEL PAPA

## L'ESERCITO PONTIFICIO NEGLI ULTIMI ANNI DEL RISORGIMENTO

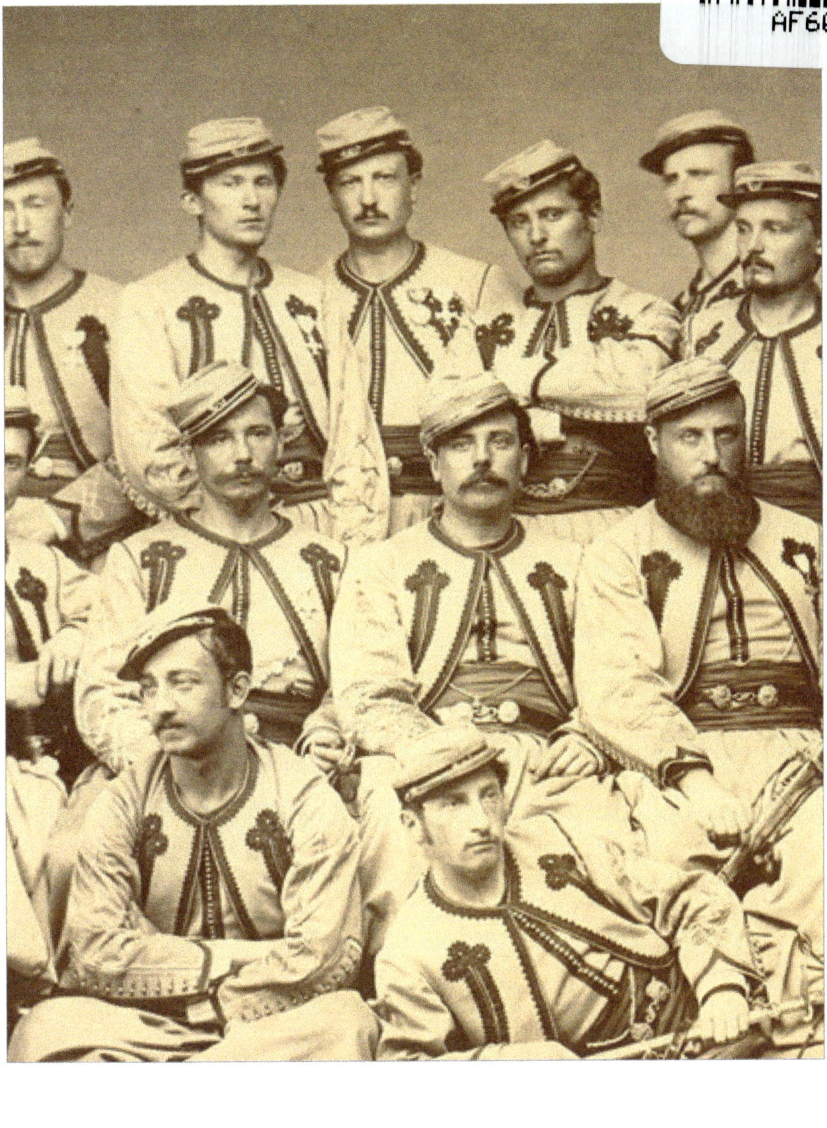

SOLDIERS&WEAPONS 037

## AUTORE

**Luca Stefano Cristini**, bergamasco, appassionato da sempre di storia militare. Dirige da diversi anni riviste nazionali specializzate di carattere storico uniformologico. Ha collaborato con l'editore Albertelli e De Agostini. Ha pubblicato un importante lavoro, su due tomi, dedicato alla guerra dei 30 anni (1618-1648) e uno in tre volumi sull'esercito imperiale nell'età di Eugenio di Savoia, scritto con B.Mugnai. Ha firmato molto titoli delle collane Soldiershop.

### COLLABORATORI

**Giancarlo Boeri** (Sanremo 1944 ), Laurea in Fisica, fin dall'infanzia si è dedicato allo studio della storia e dell'iconografia militare dei secoli XVII e XVIII. Nel tempo ha approfondito tutti gli aspetti sugli eserciti degli Stati preunitari italiani, dell'esercito spagnolo, francese e degli Stati dell'Europa occidentale del XVII e XVII secolo, tanto da divenire un punto di riferimento per gli studiosi del campo. Ha scritto numerosi articoli e libri, da solo e con altri autori in Italia e all'estero, tra cui una serie di volumi sull'esercito borbonico dalla Rivoluzione francese alla fine del Regno di Napoli (1789-1861), pubblicata dall'Ufficio Storico dello Stato Maggiore dell'Esercito. Ha pubblicato, inoltre, diverse opere sulle uniformi delle Marine degli Stati italiani preunitari ed una serie di monografie, in italiano ed inglese, sugli eserciti sabaudo, spagnolo, francese, imperiale austriaco, operanti tra Seicento e Settecento.

**Paolo Giacomone Piana** (Genova 1959) Studioso di storia militare, in particolare dell'esercito e della marina della repubblica di Genova, ha pubblicato numerosi saggi ed articoli, molti in collaborazione con il compianto Riccardo Dellepiane, tra cui il libro *Militarium*.




ISBN: 978-88-93276481 1ª edizione Settembre 2020

**S&W-037** -Titolo: **I SOLDATI DEL PAPA. L'esercito negli ultimi anni del Risorgimento** di Luca S. Cristini, collaborazione di GianCarlo Boeri e Paolo Giacomone Piana. Nuova edizione
Editor: Luca Cristini Editore, for the brand: Soldiershop. Cover & Art Design: Luca S. Cristini.

## PREFAZIONE

Questo breve saggio sugli ultimi anni della storia dell'esercito del papa, dal 1860 al 1870, si presenta in veste completamente rinnovata, con immagini inedite e un nuovo testo grazie alla collaborazione di Giancarlo Boeri e Paolo Giacomone Piana, le cui vaste raccolte e la profonda bibliogafica hanno permesso di correggere molti errori e ingenuità derivanti dall'uso di fonti non sempre affidabili.

Il principale supporto iconografico è costituito dai disegni eseguiti dal cav. Camillo Viviani ritraenti tutti i corpi armati pontifici nel fatale anno 1870. Essi costituiscono la raccolta intitolata *L'esercito pontificio in alta uniforme negli ultimi anni prima del 1870 e i corpi armati in servizio di Sua Santità facenti parte della corte pontificia - Corteo papale alle cappelle pontificie* edita nel 1912 dall'Istituto Italiano d'Arti Grafiche di Bergamo. È un libro molto raro e le tavole di questo volume sono state riprese da un esemplare di proprietà dell'editore.

In tal modo testo e immagini contribuiscono al fine che si prefiggono le collane uniformologiche della casa editrice, ovvero quello di mettere a disposizione di tutti fonti essenziali la cui conoscenza è rimasta finora privilegio di pochi.

Luca S. Cristini

▲ *Una delle tavole esposte a Castel Sant'Angelo raffigurante i cacciatori nell'uniforme portata dal 1850 al 1870.*

# INDICE

# I SOLDATI DEL PAPA

1860-1870, sono gli ultimi spasmi del "Risorgimento", l'obiettivo finale rimane Roma. La città eterna è destinata nei disegni del nuovo stato italiano a diventare la capitale della nuova Italia. Nell'ultima ora del potere temporale pontificio, sono migliaia i giovani che accorrono da ogni parte per arruolarsi nell'esercito di Pio IX. Dal 1860 al 1870 furono quasi 15.000 coloro che decisero di militare al servizio della Santa Sede.
La mobilitazione di questi giovani avveniva a opera di comitati diocesani presenti in tutto il mondo, specialmente in Francia, Irlanda e Spagna, ma anche nei Paesi Bassi e in Canada. Si trattava per lo più di contadini e studenti universitari, figli del popolo e cadetti della più blasonata aristocrazia europea, tutti animati da una pia devozione cristiana. Fra essi anche molti bei nomi dell'aristocrazia europea e romana, come Aldobrandini, Borghese, Ruspoli, Odescalchi e altri ancora (negli zuavi militò perfino Salvador de Iturbide, erede di Agostino I imperatore del Messico).
In questo libro si parlerà appunto di questi novelli crociati ottocenteschi che eroicamente si sacrificarono a Castelfidardo e nella campagna del Lazio nel 1867 per contrastare il più possibile l'avanzata dei garibaldini. È la storia di una generazione che, di fronte a cambiamenti epocali, combattè per difendere la libertà della Chiesa, nel nome del Papa Re.

## IL PERCHÉ DELLE FORZE ARMATE PONTIFICIE

La Chiesa ha sempre cercato di difendere la sua autonomia e i suoi beni materiali facendo ricorso soprattutto a mezzi religiosi, specie a quello della scomunica, basandosi quindi sulla devozione generale dei popoli del tempo. Solo in casi estremi il papa faceva ricorso alle armi, ma perlopiù si avvaleva di complesse strategie diplomatiche e di alleanze con questa o quella nazione.
Ma questo non bastò e nel corso dei secoli il papa ha subito molte aggressioni, dovendo spesso andare in esilio. In epoca moderna l'assenza più lunga durò dal 1809 al 1814, quando Roma venne occupata dai francesi che frugarono a fondo nel Vaticano asportando tutto quanto trovarono di prezioso o interessante, compreso l'archivio, che furono costretti a restituire dopo Waterloo.
Lo Stato della Chiesa fu obbligato a dotarsi di un proprio esercito i cui compiti, in tempo di pace, erano il mantenimento dell'ordine interno, la lotta al brigantaggio, fenomeno endemico nei territori pontifici, e la difesa contro le incursioni dei corsari barbareschi che flagellavano le coste dello stato.
Dopo il 1814 l'esistenza dello Stato della Chiesa venne posta in discussione. Da oltre un secolo esso non era ormai in grado di adempiere la sua funzione precipua di garantire la libertà e l'indipendenza della Chiesa. La storia successiva ha mostrato che il papa, rinunciando ai territori a lungo posseduti nel centro della penisola italiana e perdendo le caratteristiche di principe italiano, ha aumentato in tutto il mondo la sua autorità morale. Tuttavia questo felice risultato non deve nascondere i pericoli e timori che esistvano in quel periodo storico, essendo evidente che per i nemici del cattolicesimo la questione del dominio temporale del papa era solo un pretesto per raggiungere i loro fini. L'esercito pontificio fu profondamente coinvolto

▲ *Ufficiale e soldato della Guardia Palatina (Bruxelles, Musée de l'Armée, copia).*

nelle convulse vicende di questo periodo, che dopo il 1860 raggiunsero il loro culmine[1].

## LA RICOSTRUZIONE DELL'ESERCITO DOPO IL 1859

La guerra combattuta in Lombardia nel 1859 tra Austria, Francia e Regno di Sardegna portò all'insurrezione di Bologna e della Romagna, cui aderì buona parte delle truppe pontificie stanziate in quelle provincie. Con le forze rimaste a sua disposizione il governo pontificio non poteva tentare il recupero il province insorte, né poteva far conto su quelle francesi rimaste a Roma dopo il 1849 (quando cadde la Repubblica Romana), che dovevano limitarsi a difendere il solo Lazio.

Il compito di ricostruire l'esercito pontificio fu affidato al monsignore belga Saverio de Mérode, nominato «Pro-Ministro delle Armi» (ministro della guerra) che da tempo propugnava che in campo militare la Santa Sede facesse ricorso al mondo cattolico, lasciando da parte l'appoggio più o meno interessato della Francia (perdipiù governata da un personaggio inaffidabile come Napoleone III). Considerato che il Papa non era solo il sovrano di uno stato italiano, ma anche il capo dei cattolici di tutto il mondo, riuscì facile a de Mérode far affluire dall'estero migliaia di volontari, cercando nel contempo di riordinare e ammodernare l'esercito, anche se le resistenze dell'ambiente e la scarsità del tempo non gli permisero di raccogliere il frutto dei suoi sforzi.

Per la perdita delle province più floride le entrate erano diminuite mentre la decisione di Pio IX di continuare ad addossarsi il debito pubblico di tutto l'antico stato aggravava la crisi economica. Ma umili fedeli, di loro spontanea volontà, cominciarono a inviare al papa le loro offerte: «Primi a muoversi furono nel 1859 un italiano e un polacco di Leopoli, residenti a quanto pare in Inghilterra. [...] Il gesto trovò subito un eco nel cuore di molti cattolici, a Vienna, in tutta l'Austria, nei paesi tedeschi, e più tardi in Francia e in Belgio. [...] Quando fu evidente che si trattava di un movimento spontaneo, ma che non accennava a cessare, anzi crescreva proprio con la perdita progressiva del potere temporale, il Vaticano incoraggiò e prese le redini dell'iniziativa. Nasceva così tra la fine del 1859 e i primi mesi del 1860 *Le Denier de Saint Pierre*, l'obolo di San Pietro»[2].

L'esercito, che al 1° gennaio 1860 era ridotto a meno di 16.000 uomini, crebbe rapidamente di numero, tanto che al 1° agosto superava i 21.000, divisi in "indigeni" (ovvero sudditi pontifici) ed "esteri" (compresi gli italiani non originari dello Stato pontificio). Le unità principali erano costituite da due reggimenti di fanteria "indigena" e due "esteri" (quasi tutti svizzeri), due battaglioni cacciatori "indigeni", un battaglione carabinieri "esteri", cinque battaglioni bersaglieri (reclutati nell'impero austriaco e quindi di nazionalità diverse), un battaglione tiragliatori (francesi e belgi, i futuri zuavi), il battaglione di S. Patrizio (irlandesi), due squadroni di dragoni ("indigeni"), uno squadrone di cavalleggeri ("esteri") e undici batterie di artiglieria formate da soldati di varia nazionalità. Era stata riattivata anche la milizia locale (detta «Truppa Volontaria di Riserva») sciolta nel 1847, articolata in battaglioni provinciali di forza variabile

---

1 Non esiste finora un testo che tratti compiutamente la storia dell'esercito pontificio. Un quadro complessivo in DONATO TAMBLÉ, *Esercito ed economia militare nello Stato Pontificio (secoli XVI-XIX). Profilo storico e fonti nell'Archivio di Stato di Roma*, in *Storia economica della guerra*, Atti del convegno, Varallo 21-22 settembre 2007, Roma, Società Italiana di Storia Militare "Quaderno 2007-2008", 2008, pp. 217-236; per l'evoluzione orrganica e le personalità v. PAOLO DALLA TORRE, *Materiali per una storia dell'Esercito pontificio*, in *Rassegna Storica del Risorgimento*, 1941, pp. 45-99 ; per le vicende belliche con Piero PIERI, *Storia militare del Risorgimento*, Torino, Einaudi, 1962, capp. V e VIII.

2 GIACOMO MARTINA, *Pio IX (1851-1866)*, Roma, Editrice Pontificia Università Gregoriana, 1986, p. 22.

a seconda della popolazione[3].

Quando il 5 maggio 1860 i "Mille" di Garibaldi partirono da Quarto (Genova) diretti in Sicilia, il piano di Garibaldi prevedeva anche un attacco allo Stato Pontificio, la famosa "diversione", affidata a una colonna guidata da Callimaco Zambianchi, che venne affrontata a dispersa il 19 maggio alle Grotte di Castro dal distaccamento del colonnello Georges de Pimodan, un legittimista francese già aiutante di campo di Radetzky. Il contingente francese di stanza a Roma non si mosse, giustificando la diffidenza nutrita da Pio IX nei confronti di Napoleone III, il cui appoggio appariva sempre più ambiguo.

## CASTELFIDARDO E ANCONA[4]

Nel settembre 1860 l'esercito pontificio, ancora in fase di organizzazione, era pronto a sventare tentativo di invasione compiuto da reparti di volontari, ben conscio, tuttavia, di non poter fronteggiare a lungo l'avanzata di reparti regolari. Il comando delle truppe operanti era stato affidato al generale francese Christophe Juchault de Lamoricière (1806-1865), che aveva schierato le sue truppe lungo la frontiera meridionale per prevenire una possibile invasione garibaldina. Da nord non si temeva alcun attacco, pensandosi che il governo sardo (non ancora italiano) non avrebbe mai superato la frontiera temendo la reazione francese. Invece Napoleone III, mosso da meschini motivi di politica interna, diede inaspettatamente il suo consenso e l'esercito pontificio si trovò assalito alle spalle da forze soverchianti.

▲ *Medaglia di Castelfidardo*

Il 10 settembre senza quasi dichiarazione di guerra il generale Fanti varcò la frontiera con 39.000 uomini divisi nei due corpi d'armata dei generali Cialdini e della Rocca), mentre una flotta al comando dell'ammiraglio Persano operava nell'Adriatico. I combattenti pontifici erano in tutto 14.000 divisi in in quattro brigate: 1ª (generale Schmidt), 2ª (generale De Pimodan, promosso dopo la vittoria delle Grotte di Castro ed eroicamente caduto a Castelfidardo), 3ª (Generale De Courten) e 4ª (riserva, colonnello Cropt).

La brigata De Courten, nelle Marche, iniziava subito il ripiegamento su Ancona lasciando un distaccamento a difesa di Pesaro, che resisté per un giorno. La brigata Schmidt, intorno a Perugia, veniva sorpresa appena rientrata in quella città e capitolava il 14 settembre dopo una breve resistenza. Il grosso (brigate De Pimodan e Cropt) guidato da Lamoricière dalla zona di Narni e Spoleto si dirigeva su Macerata per rinchiudersi in Ancona e resistervi il più a lungo possibile nella speranza di aiuti da parte di potenze straniere. La sera del 17 settembre, giunto

3 ATTILIO VIGEVANO, *La fine dell'esercito pontificio*, Roma, Stabilimento poligrafico per l'amministrazione della Guerra, 1920 (Rist. anast., Parma, Albertelli, 1994), pp. 14-17.

4 La narrazione che segue è basata su *L'esercito pontificio da Castelfidardo a Porta Pia (1860-1870)*, testo e illustrazioni di MASSIMO BRANDANI, PIERO CROCIANI e MASSIMO FIORENTINO, Milano, INTERGEST, 1976. Per i dettagli v. ATTILIO VIGEVANO, *La campagna delle Marche e dell'Umbria*, Roma, Poligrafico della Guerra, 1923.

▲ *Artiglieri in alta uniforme (Bruxelles, Musée de l'Armée, copia).*

a Loreto, il comandante pontificio si trovava la strada sbarrata e non ebbe altra scelta che tentare di forzare il passo.

Il 18 settembre 1860 si ebbe la battaglia di Castelfidardo, dove 6.000 pontifici furono facilmente sconfitti da Cialdini che disponeva di 16.000 uomini. Seguì l'assedio di Ancona, che durò dal 19 al 29 settembre e causò ai 4.000 difensori la perdita di 900 uomini tra morti e feriti, specie a causa del bombardamento navale. La resa di Ancona concluse in pratica la campagna, giacché l'avanzata di della Rocca, che aveva invaso l'Umbria, fu interrotta dal tardivo intervento francese[5].

## MENTANA

Dopo Castelfidardo la ricostituzione dell'esercito fu lenta, ma subì una una brusca accelerazione a seguito della convenzione stipulata il 15 settembre 1864 tra Francia e Italia, per la quale Napoleone III s'impegnava a ritirare entro due anni le sue truppe da Roma. Gli ultimi soldati francesi lasciarono Civitavecchia nel dicembre 1866.

Nel 1867 le componenti principali dell'esercito erano: una legione di gendarmeria; un battaglione cacciatori; un reggimento fanteria di linea su tre battaglioni; un reggimento zuavi su due battaglioni (un solo battaglione fino al 1° gennaio 1867); un battaglione carabinieri esteri; la Legione Romana (francesi) di dieci compagnie; 2 squadroni di dragoni; 2 batterie montate di artiglieria, una compagnia zappatori. Oltre a corpi sedentari, battaglioni ausiliari di riserva (organizzato solo il battaglione di Frosinone) e squadriglieri. Detratti i non mobilizzabili, si poteva contare su circa 8.000 combattenti[6]. Il generale Hermann Kanzler, nativo del Baden, era sia «prominístro delle armi», sia comandante in capo.

La compagine militare pontificia era assai più salda (tanto nel morale quanto nella preparazione) che nel 1860 e seppe reagire assai bene nell'autunno del 1867 all'attacco dei garibaldini che avevano invaso lo Stato della Chiesa, divisi in diverse colonne partite dal territorio italiano,. I reparti pontifici, suddivisi in piccoli distaccamenti, ribatterono colpo su colpo, ed ebbero quasi sempre la meglio, facendo fallire il piano avversario che mirava a disperderli per tutto lo stato, lasciando Roma senza guarnigione, dove avrebbe dovuto scoppiare un'insurrezione. La tenace resistenza di Monterotondo assicurò il tempo necessario allo sbarco dei reparti francesi che il 3 novembre si affiancarono ai pontifici nella vittoriosa giornata di Mentana.

▲ *Medaglia di Mentana fronte e verso.*

5 Massimo Coltrinari, *L'ultima difesa pontificia di Ancona*, Roma, Edizioni Nuova Cultura, 2012-2013, voll. 2.

6 Paolo Dalla Torre, *L'anno di Mentana*, Milano, Martello, [1968], pp. 76-78, 96-97.

▲ *Soldato e ufficiale di fanteria di linea in alta uniforme (Bruxelles, Musée de l'Armée, copia).*

La colonna principale, detta "di battaglia", era composta esclusivamente di soldati pontifici e comprendeva due battaglioni di zuavi, un battaglione carabinieri esteri, un battaglione della Legione Romana, uno squadrone di dragoni, una batteria da campagna, la compagnia zappatori, gendarmi a piedi e a cavallo.
Come ha scritto Piero Crociani «È doveroso riconoscere, anche se ciò può essere spiacevole per certa nostra retorica, che quella giornata non fu dovuta tanto alle "meraviglie" dei fucili Chassepots francesi quanto allo slancio dei reparti pontifici impegnati nell'assalto. Fu quella la loro ora più bella, quella della vittoria, e proprio sull'avversario tradizionale ...»[7].
Sull'onda della vittoria affluirono nuovi volontari, tanto da poter formare altri tre battaglioni di zuavi, portare i carabinieri a livello di reggimento e ampliare i ranghi dei corpi ancora incompleti.

## PORTA PIA

La guerra franco-prussiana del 1870 doveva cancellare d'un tratto tutte le speranze e le aspettative poiché, sconfitto l'unico alleato, detronizzato Napoleone III, non rimaneva che attendere l'attacco italiano e l'inevitabile sconfitta, vista la sproporzione delle forze in campo. I pontifici disponevano di circa 14.000 soldati regolari (oltre metà dei quali erano volontari provenienti da ogni parte del mondo), irregolari (squadriglieri) e milizie, ai quali si contrapponevano 60.000 soldati italiani, che formavano le divisioni dei generali Bixio, Ferrero, Angioletti, Cosenz e Mazè de la Roche, riunite nel IV corpo d'armata comandato dal generale Raffaele Cadorna[8].

▲ *Medaglia Benemerenti.*

Una minuziosa narrazione degli avvenimenti della breve campagna del 1870, durata poco più di dieci giorni, è stata fatta da colonnello Attilio Vigevano nel suo libro *La fine dell'esercito pontificio*. Per quanto l'autore sia in esso largo di riconoscimenti alle truppe pontificie, nondimeno egli, ufficiale in servizio attivo che perdipiù scriveva prima dei Patti Lateranensi, era obbligato a conformarsi ai canoni della oleografica storiografia di comodo in allora imperante.
Di conseguenza egli cerca di attribuire agli avvenimenti svoltisi dal 10 al 20 settembre i caratteri di una "vera" campagna militare, discettando sulle possibilità difensive che avrebbero avuto i comandanti pontifici.
Vigevano è costretto a fingere di ignorare che Pio IX aveva ordinato alle sue truppe di opporre una resistenza simbolica per mostrare al mondo che la Santa Sede non abdicava, ma che veniva invasa da un esercito occupante. Del resto che l'esercito pontificio non opponesse resistenza, ma sparasse solo qualche colpo per salvare l'onore delle armi, appare evidente dal libro del generale Cadorna su questa impresa «che potrebbe anche apparire epica, se non vi fosse allegata la tabella delle perdite: 49 morti e 141 feriti da parte italiana, 19 morti e 49 feriti da parte

7 *L'esercito pontificio da Castelfidardo a Porta Pia (1860-1870)*, cit., pp. 5-6.
8 Raffaele Cadorna, *La liberazione di Roma nell'anno 1870 ed il plebiscito*, 3ª ed., Torino, L. Roux e C., 1898, p. 63.

▲ *Tamburo maggiore e tamburo di fanteria di linea (Bruxelles, Musée de l'Armée, copia).*

pontificia», come ha scritto Indro Montanelli[9].

Apertesi le ostilità il 10 settembre, i distaccamenti posti sulla frontiera riuscivano a sganciarsi e a ritirarsi su Roma senza impegnarsi, lasciando presidiate solo Civitavecchia e Civita Castellana, che si arresero rispettivamente, senza combattere, il 16 e 12 settembre[10].

In origine il papa aveva stabilito che Roma si arrendesse ai primi colpi di cannone affinché non si spargesse sangue, ma fosse al contempo evidente che si cedeva solo alla forza; dovette riconoscere come valide le argomentazioni di Kanzler, che esprimeva i desideri di tutto l'esercito, e accettò di ordinare che la bandiera bianca fosse innalzata solo quando nelle mura fosse stata aperta una breccia praticabile.

Fu così che alle 5 e 10 del 20 settembre le batterie italiane aprirono il fuoco contro la cinta delle Mura Aureliane, praticando, dopo quattro ore di bombardamento, una breccia poco a lato di Porta Pia, in un settore presidiato da alcune compagnie di Zuavi e Carabinieri Esteri. Alle 9 e 45 venne impartito l'ordine di resa, ma il comandante della difesa, maggiore de Traussures, chiese che quest'ordine, comunicatogli solo oralmente, gli venisse confermato per iscritto; ciò si verificò con qualche ritardo, proprio mentre gl'italiani, vinte le ultime resistenze, s'impadronivano della breccia. La breve campagna era costata ai pontifici non meno di 19 morti e una settantina di feriti (i dati sono incerti), mentre gli italiani avevano perso 49 morti e 141 feriti[11].

Il giorno successivo, dopo aver pernottato in piazza San Pietro, i reparti pontifici, arresisi con l'onore delle armi, furono benedetti per l'ultima volta da Pio IX e poi vennero trasferiti a Civitavecchia: qui i volontari esteri furono immediatamente imbarcati e rimpatriati, mentre gli altri e i sudditi pontifici raggiunsero l'Italia del nord e furono poi rilasciati dopo una prigionia più o meno lunga.

9 INDRO MONTANELLI, *L'Italia dei notabili (1860-1900)*, Milano, Rizzoli, 1973, pp. 142-143.

10 A Civita Castellana era di stanza la compagnia di disciplina ed esisteva il rischio che durante la ritirata i caratteri "difficili" che la componevano si sbandassero dandosi al brigantaggio: per questo si preferì non muoverli, lasciando a sorvegliarli una compagnia di zuavi.

11 A. VIGEVANO, *La fine dell'esercito pontificio*, *cit.*, pp. 671-681.

▲ *Gruppo di zuavi in una fotografia con colorazione d'epoca a mano.*

## EPILOGO

Il generale Kanzler rimase in Vaticano per mostrare a tutto il mondo che l'esercito, allora considerato l'organo per eccellenza di uno stato sovrano, esisteva ancora: ma ormai esso era ridotto ai pochi gendarmi che presidiavano i Sacri Palazzi insieme alla Guardie Nobile, Palatina e Svizzera.

La legge italiana n. 214 del 13 maggio 1871, detta "delle Guarentigie", riconosceva al papa «facoltà di tenere il consueto numero di guardie addette alla sua persona e alla custodia dei palazzi, senza pregiudizio degli obblighi e doveri risultanti per tali guardie dalle Leggi vigenti del Regno» (art. 3). Questa legge era un atto unilaterale e non poteva essere accettata dal papa, altrimenti la sua indipendenza sarebbe dipesa dal beneplacito dello stato italiano: per il diritto internazionale condizione indispensabile della sovranità è il possesso di un territorio proprio, per quanto esiguo esso sia.

Se nel 1943 la "legge delle guarentigie" fosse stata ancora in vigore, dopo il tracollo dello stato italiano, avvenuto a seguito dell'armistizio dell'8 settembre, non vi sarebbero stati ostacoli giuridici a impedire ai nazisti di occupare il Vaticano e gli altri possedimenti "extraterritoriali" della Chiesa, con conseguenze letali per gli antifascisti e gli ebrei lì rifugiati. Fortunatamente l'11 febbraio 1929 era stato concluso tra Santa Sede e Italia un trattato (inserito nei "Patti Lateranensi") con il quale era costituito lo «Stato della Città del Vaticano», con un'estensione di appena mezzo chilometro quadrato, ma indipendente e sovrano.

L'esercito pontificio fu veramente sciolto cento anni dopo Porta Pia, nel 1970, quando, cambiati i tempi, papa Paolo VI abolì i corpi militari a eccezione della Guardia Svizzera, la quale continuò ad assicurare il servizio d'ordine e di vigilanza, assieme all'Ufficio Centrale di Vigilanza, organo non militare, che nel 2002 ha ripreso l'antico nome di «Corpo della Gendarmeria».

▲ *Guardie nobili in varie uniformi (dalla rivista* Cosmos Catholicus *del 1901)*

▲ *Gruppo di zuavi insieme ad un cacciatore della linea in una fotografia d'epoca.*

▲ *Gruppo di Squadriglieri pontifici in un vecchio dagherrotipo.*

▲ *Questo interessante quadro ottocentesco ritrae i tre fratelli Gaston, Louis e Charles de Villèle. Tutti volontari pontifici.*
► *Foto in basso a destra: tenente colonnello degli zuavi: Ferdinand de Charette de La Contrie (1837-1917) in un quadro e in una foto. A seguire L'infante Alfonso Carlos nell'uniforme degli zuavi.*

▲ *Bella foto d'insieme dei vari corpi componenti l'esercito pontificio negli anni 1860-1870*

▲ *Lo zuavo Roussel nel 1869 (colorazione d'epoca a mano).*

# L'ESERCITO PONTIFICIO NEL 1870

Eccettuato un breve periodo dal 1831 al 1847 in cui l'influenza austriaca si fece sentire, l'organizzazione e le uniformi dell'esercito pontificio dell'Ottocento si ispirarono sempre al modello francese, che dopo il 1850 divenne esclusivo, salvo che non vi era la leva obbligatoria. L'esercito si reclutava con arruolamenti volontari, scegliendosi gli individui che rispondevano a speciali requisiti particolarmente di moralità.
L'esercito pontificio del 1870 era ben equipaggiato, ben istruito ed agguerrito, in grado di opporsi a ogni tentativo rivoluzionario interno o esterno, ma sapeva di non poter far fronte, da solo, all'attacco di forze soverchianti come quelle a disposizione del generale Cadorna: le vicende della breve campagna di quell'anno vanno giudicate alla luce di questa consapevolezza, non sulla base di considerazioni astratte.

## L'ORGANIZZAZIONE

Secondo l'ordine dell'*Annuario Militare Pontificio* l'esercito comprendeva:

1. Ministero delle Armi
Costituiva l'amministrazione centrale ed era diretto dal generale Kanzler, pro-ministro delle armi e comandante in capo.

2. Uditorato
Appoggiato al Ministero delle armi, era formato dal personale incaricato della procedura penale e dell'amministrazione della giustizia militare.

3. Cappellani
Il servizio religioso era diretto da un cappellano maggiore, mons. Vincenzo Tizzani, pareggiato al grado di generale di brigata, ed era disimpegnato da cappellani di 1ª e 2ª classe. equiparati a maggiori e capitani, assegnati uno per battaglione, come ancora agli ospedali e prigioni militari.

4. Ufficiali generali
VI erano 8 generali (4 attivi, 3 disponibili, 1 onorario) divisi in generali di divisione e di brigata.

5. Corpo di Stato Maggiore
Gli ufficiali di Stato Maggiore, secondo il modello francese di allora, erano più topografi e segretari che collaboratori dei comandanti: capo di stato maggiore era il maggiore Fotunato Rivalta, ma due tenenti colonnelli erano impiegati come capi servizio al ministero.

6. Intendenza militare
Questo corpo (da non confondere con quello di amministrazione) costituiva lo stato maggiore amministrativo dell'esercito ed era diretto dall'intendente ispettore Giuseppe Molinari coadiuvato dall'intendente divisionario Gioacchino Munari.

▲ *Zuavi in tenuta ordinaria e in alta uniforme (Bruxelles, Musée de l'Armée, copia).*

7. Stato Maggiore di Piazza
Comprendeva gli ufficiali preposti al comando delle piazze e delle fortificazioni. Essi si avvalevano di sergenti e caporali detti "segretari delle piazze". Comandante delle piazza di Roma era il colonnello Filippo Lopez.

8. Gendarmeria e squadriglieri
Una legione di gendarmi a piedi di dodici compagnie, più uno squadrone a cavallo, tutti "indigeni", comandata dal colonnello Luigi Evangelisti. Lo squadrone distaccava un plotone d'individui scelti per il servizio dei Sacri Palazzi Apostolici (Tenenza Palatina).
La gendarmeria era affiancata dagli "squadriglieri", tutti contadini del circondario di Frosinone aruolati nel 1866 dal maggiore Lauri come ausilio contro il brigantaggio. Essi agivano agli ordini di sottufficiali e di graduati della Gendarmeria non avendo nè ufficiali nè sottufficiali propri.

9. Artiglieria
Un reggimento con personale quasi tutto "indigeno" e comandato dal colonnello Cesare Caimi., Esso comprendeva sei batterie attive ciascuna di sei pezzi e due batterie di deposito, che assicuravano anche il servizio dei pezzi da fortezza. La 6ª batteria era da montagna, con pezzi rigati da 6, someggiati: pezzi, cavalli e muli erano stati offerti dai cattolici francesi.

10. Corpo del Genio
Al comando del colonnello Giorgio Lana il genio era organizzato su uno Stato Maggiore (composto degli ufficiali che avevano mansioni di ispezione e sorveglianza delle fortificazioni e dei sottufficiali Guardie e Collaboratori che l coadiuvavano) e una Compagnia Zappatori (o Travagliatori) comandata dal capitano Benedetto Fabri.

11. Treno d'equipaggio
Una compagnia destinata al trasporto dei rifornimenti e dei feriti comandata dal capitano Marchini.

12. Battaglione Sedentarî
Un battaglione che raccoglieva in sei compagnie i soldati fisicamente inabili al servizio, sia per l'età, sia per le condizioni di salute, e che di conseguenza erano adibiti a compiti presidiari. Li comandava il maggiore Genuini.

13. Battaglione Cacciatori
Un battaglione su otto compagnie attive e una di deposito, tutti "indigeni", comandato dal tenente colonnello Luigi Sparagana.

14. 1.° Reggimento di Linea
Un reggimento di due battaglioni ciascuno di otto compagnie attive e una di deposito, oltre una compagnia fuori rango (composta dagli uomini che non prestavano servizio attivo), tutti "indigeni", comandato dal colonnello Achille Azzanesi.

15. Reggimento Zuavi
Un reggimento composto di quattro battaglioni attivi di sei ompagnie, un battaglione deposito di quattro compagnie, un deposito sussistenti e una compagnia fuori rango, formati da volontari provenienti da tutto il mondo cattolico. Comandante il colonnello Eugenio Allet coadiuvato dal tenente colonnello Atanasio de Charette.

16. Reggimento Carabinieri Esteri
Un reggimento (già Cacciatori Esteri), in prevalenza svizzeri, comandato dal colonnello Giuseppe Jeannerat. Si componeva di due battaglioni di sei compagnie attive e una di deposito ciascuno, oltre una compagnia fuori rango.

17. Legione Romana
Detta anche Legione d'Antibo dal luogo di formazione (Antibes) costituiva un reggimento composto di ufficiali e soldati provenienti dall'esercito francese e comandati dal colonnello Filiberto Perreault. Era costituita come il Reggimeno Carabinieri Esteri.

18. Compagnia di disciplina
Raccoglieva e isolava gli elementi più "difficili" dell'esercito, Trattandosi di un reparto di punizione la compagnia era accasermata a parte, e ai suoi uomini non erano fornite armi se non nel corso di esercitazioni. "Indigeni" ed "esteri" fu formavano due sezioni separate.

19. Compagnia Infermieri
Al comando del capitano Liverziani prestava servizio presso l'ospedale militare di Roma e, in campagna, con le ambulanze[12].

20. Reggimento Dragoni
Un reggimento di cinque squadroni (quattro attivi e uno di deposito), quasi tutti "indigeni" (sudditi pontifici), sotto il comando del colonnello Giovanni Lepri.

21. Ufficiali Sanitari
Erano distinti in medici e chirurghi, cui era aggiunto un farmacista che prestava servizio all'ospedale militare di Roma. Direttore di sanità era il comm. Giuseppe Costantini.

22. Veterinari
L'ispezione del servizio era affidata a un veterinario civile, mentre i veterinari dei corpi montati erano equiparati a sottufficiali.

23. Ufficiali d'amministrazione
Questo corpo, alle dipendenze dell'Intendenza, aveva lo scopo di fornire esperti contabili all'esercito e comprendeva ufficiali ed allievi, equiparati questi ultimi ad aiutanti sottufficiali.

12 Non faceva parte del corpo sanitario bensì dei corpi sedentari perché medici e chirurghi, come tutti gli ufficiali dei servizi, erano solo "assimilati" agli ufficiali delle armi combattenti e quindi non avevano il diritto di esercitare il comando sui soldati, salvo casi specifici ben determinati.

▲ *Ufficiale e soldato dei carabinieri esteri in tenuta di marcia (Bruxelles, Musée de l'Armée, copia).*

Al 20 agosto 1870, un mese prima della caduta di Roma, la forza dell'esercito era la seguente:

| | |
|---|---|
| Ministero delle Armi | 46 |
| Uditorato | 18 |
| Stato Maggiore generale e corpo di stato maggiore | 18 |
| Cappellani | 20 |
| Intendenza | 10 |
| Stato maggiore di piazza | 25 |
| Ufficiali sanitari | 44 |
| Veterinari | 6 |
| Ufficiali d'amministrazione | 41 |
| Gendarmeria | 1688 |
| Squadriglieri | 669 |
| Cacciatori | 1675 |
| Fanteria di linea | 1075 |
| Zuavi | 2901 |
| Carabinieri esteri | 1262 |
| Legione Romana | 1410 |
| Dragoni | 533 |
| Arrtiglieria | 852 |
| Genio | 127 |
| Treno d'equipaggio | 120 |
| Sedentari | 640 |
| Compagnia di disciplina | 97 |
| Compagnia di infermieri | 126 |
| | 13403 |

La fanteria formava due brigate: la prima, comandata dal generale Giovanni De Courten, raggruppava zuavi e cacciatori, mentre fanteria di linea, carabinieri esteri e Legione Romana costituivano la seconda, al comando del generale Giovanni Battista Zappi. Questi corpi, eccettuato il reggimento di linea, erano considerati fanteria leggera, ma ormai la distinzione tra le due specialità si riduceva ad alcune particolarità dell'uniforme. L'armamento di tutta la fanteria consisteva nel fucile Remington trasformato a retrocarica, di cui esistevano due modelli, entrambi ottimi, tanto che dopo il 1870 vennero dati in dotazione ai bersaglieri italiani[13].
Non erano compresi nell'*Annuario* la «Truppa Volontaria di Riserva» e i «Volontari Pontifici della Riserva». Le milizie locali costituivano dieci battaglioni, ma nessuno fu mobilitato nel 1870, essendosi deciso in anticipo di non opporre resistenza alle soverchianti forze italiane. La città di Roma non aveva milizia, ma nei giorni di Mentana fu costituita una Guardia Urbana con i volontari della borghesia e della nobiltà romane che si erano messi a disposizione delle autorità; nel 1869 essa diede vita al corpo dei Volontari Pontifici della Riserva, articolato su quattro compagnie agli ordini del principe Lancellotti, del principe Aldobrandini Sarsina, del duca Salviati e del marchese Patrizi. Nel 1870 i volontari furono mobilitati per provvedere all'ordine pubblico cittadino insieme a gendarmi e squadriglieri.
Anche i corpi della «Famiglia pontificia» (la Guardia Nobile, Palatina e Svizzera) non facevano parte dell'esecito propriamente detto. Secondo Viviani «I corpi armati di Palazzo si com-

13 A. VIGEVANO, *La fine dell'esercito pontificio*, cit., pp. 120-123.

▲ *Una delle tavole esposte a Castel Sant'Angelo di dragoni pontifici e simili ai disegni del cavalier Viviani.*

ponevano, come al presente, in tal modo:

1. Del corpo delle Guardie Nobili, cui possono far parte tutti i Nobili dell'antico Stato Pontificio prima del 1870. Li comandava il Principe D. Carlo Barberini Duca di Castelvecchio.
2. Del corpo della Guardia Palatina d'Onore, composto di tutti cittadini romani che volontariamente prestavano servizio presso il Palazzo Vaticano, all'ordine del Colonnello Marchese Guglielmi[14].
3. Del corpo della Guardia Svizzera, formato di tutti Svizzeri dei Cantoni cattolici. Comandante il Colonnello Sonnemberg».

La Marina Pontificia era ridotta a poche imbarcazioni e l'unico compito che poteva svolgere era la sorveglianza delle coste, tanto che nel 1856, per motivi pratici ed economici, era passata alle dipendenze del Ministero delle Finanze, incorporando i mezzi navali della Guardia di Finanza. I suoi mezzi consistevano nella pirocorvetta *Immacolata Concezione*, sette "scorridore" doganali, due guardaporti e due piroscafi con compiti civili, con un organico di 176 tra ufficiali e marinai al comando del colonnello Alessandro Cialdi.

Dal Ministero delle Finanze dipendeva anche la Guardia di Finanza, che sorvegliava le frontiere terrestri; vi erano poi le Guardie di Polizia, impiegate solo a Roma; una compagnia di «pompieri» (vigili del fuoco) di Roma comandata dal colonnello principe Onorato Caetani duca di Sermoneta e le Guardie Municipali di Roma.

Gli Zuavi, la Legione Romana e la Guardia Svizzera meritano un'esposizione più dettagliata.

14 La Guardia Palatina d'Onore ebbe la precedenza sugli svizzeri fino al 1919, quando Benedetto XV stabilì di dare la precedenza alla Guardia Svizzera.

## GLI ZUAVI PONTIFICI

Gli Zuavi nacquero nel maggio 1860 come «Battaglione Tiragliatori» con volontari francesi e belgi[15], incorporando ben presto anche i «Crociati» organizzati dal marchese Cathelinau, di cui adottarono l'inno:

*Partez, partez nobles fils de la France*
*Fils des croisés, c'est Dieu qui vous conduit!*
*Gloire au reveil d'une sainte vaillance!*
*La Palestine est à Rome aujourd'hui!*
*Flottez au vent, trionphantes banniéres;*
*Que les méchants soient enfin écrasés!*[16]

Denominato «Battaglione Zuavi» il 1° gennaio 1861, il corpo cominciò a ricevere reclute da ogni paese cattolico, pur conservando francesi e belgi la preminenza. Nel 1867 il battaglione divenne reggimento su due battaglioni che si distinsero negli scontri dell'autunno di quell'anno, in particolare a Mentana. Come ha scritto Piero Crociani «con la loro intima convinzione di essere volontari di un'idea e non certo dei mercenari, gli Zuavi rappresentarono la risposta del legittimismo cattolico al volontariato garibaldino del 1860 e 1867, e non a caso contro di loro si accanirono la propaganda e i colpi degli avversari»[17].

La vittoria fece affluire sempre nuovi volontari, cosicché nel 1868 i battaglioni divennero cinque (di cui uno di deposito). Tra il 1861 e il 1870 si avvicendarono nel corpo oltre 10.000 nuovi arruolati, provenienti da 25 diverse nazioni. Al momento dello scioglimento il reggimento contava 1.100 olandesi, 550 belgi, 240 italiani, un centinaio di tedeschi, circa trecento tra canadesi, nordamericani e irlandesi, oltre a spagnoli, latino-americani, volontari di altre nazioni e 760 francesi. Erano moti i titolati che servivano come soldati semplici, come l'*infante* Alfonso Carlos di Borbone-Spagna, ed è il caso di notare che essi non erano esentati da alcuna *corvée* (anche se il regolamento prevedeva che un soldato potesse farsi rimpiazzare versando una cifra fissa). L'ufficialità era quasi tutta francofona, poiché su 170 ufficiali 111 erano francesi e 25 belgi. Dopo il 20 settembre 1870 gli zuavi francesi, rimpatriati, costituirono il nerbo della *Légion des Volontaires de l'Ouest*, che combattè con valore contro i tedeschi, ancora indossando la divisa pontificia. Altri invece andarono in Spagna a combattere nella terza guerra carlista. Alcuni zuavi canadesi, divenuti pionieri, fondarono nel nord del Québec la città di Piopolis.

## LA LEGIONE ROMANA

Di calibro ben diverso rispetto agli zuavi, questo corpo era stato costituito ad Antibes all'indomani della "Convenzione di settembre" del 1864, per volontà di Napoleone III che voleva rafforzare l'esercito pontificio arruolando dei militari francesi. Come tutte le iniziative dell'imperatore anche questa si rivelò controproducente, perché il papa si risentì dell'indebita ingerenza e gli italiani la videro come un'occupazione mascherata. Peggio ancora, i comandi francesi colsero l'occasione per sbarazzarsi degli elementi indesiderabili per cui, malgrado la

15 Per questo erano detti anche «Tiragliatori Franco-Belgi» ma non era questo il nome ufficiale del battaglione.

16 Partite, partite nobili figli della Francia / Figli dei crociati, è Dio che vi conduce! / Gloria al risveglio di un santo valore! / La Palestina è a Roma oggi! / Garrite al vento, trionfanti gonfaloni; / Che i malvagi siano infine schiacciati!. A. VIGEVANO, *La fine dell'esercito pontificio*, *cit.*, p. 571.

17 *L'esercito pontificio da Castelfidardo a Porta Pia (1860-1870)*, *cit.*, pp. 34.

▲ *Zuavi pontifici in posa fotografica (ist, centrale per la storia del Risorgimento).*

severa disciplina, la qualità della truppa lasciò sempre a desiderare. Tuttavia nella campagna del 1867 la legione si comportò bene e nel 1870, rimpatriata, formò il *47ᵉ Régiment de Marche* che conservò l'uniforme pontificia e la propria bandiera. Dopo aver operato contro i tedeschi sulla Loira e aver represso un'insurrezione a Marsiglia. il corpo fu sciolto il 13 agosto 1871.

▲ *Sottotenente dei dragoni in alta uniforme.*

## LA GUARDIA SVIZZERA

Molti saranno stupiti di sapere che la formazione militare più conosciuta del Vaticano, la celebre Guardia Svizzera, non faceva parte dell'esercito pontificio, bensì della «Famiglia pontificia» comprendente il personale della corte papale, avendo sempre avuto la funzione di proteggere la persona del Sommo Pontefice. Sorta per iniziativa di Sisto IV che aveva concluso sul finire del XV secolo un accordo con la Confederazione Svizzera, che prevedeva la possibilità di reclutare mercenari elvetici, la Guardia Svizzera risale al 22 gennaio 1506, quando si formò il primo nucleo di 150 uomini al comando del capitano Kaspar von Silenen, originario di Uri. Questi soldati si stanziarono permanentemente in Vaticano al servizio di papa Giulio II e sono lì ancora oggi. Contrariamente a quanto la maggior parte delle persone pensa, le guardie svizzere non furono solo impiegate come scorta personale e coreografica del papa, ma parteciparono anche a diversi combattimenti, il più famoso dei quali avvenne durante il sacco di Roma del 1527. Dei quasi 200 alabardieri solo 42 si salvarono dallo sterminio operato dai lanzichenecchi.

## LE UNIFORMI

Una derivazione ormai più che quarantennale del costume militare pontificio da modelli francesi spiega storicamente le forme, i colori e i ricami di pretto stile francese delle uniformi pontificie del periodo 1860-1870, che ricalcano appunto quelle transalpine. Questo predominio, più o meno accentuato a seconda dei corpi, è soltanto leggermente intaccato dalle divise degli Squadriglieri e dei Volontari Pontifici (di derivazione rispettivamente "paesana" e austriaca). Emblemi comuni erano la coccarda bianca e gialla e le "armi" papali, costituite dalle chiavi di S. Pietro unite allo stemma personale del pontefice regnante: quello di Pio IX (al secolo Giovanni Maria Mastai-Ferretti) era inquartato, nel 1° e 4° di azzurro al leone coronato d'oro lampassato di rosso, la zampa sinistra di dietro poggiata sopra un globo d'oro (Mastai), nel 2° e 3° di argento a due bande di rosso (Ferretti)[18].

---

18 Bruno Bernardo Heim, *L'araldica della Chiesa Cattolica*, Città del Vaticano, Libreria Editrice Vaticana, 2000, pp. 54-57.

# LE TAVOLE DEL CAVALIER VIVIANI

▲ *Tav. I - Generale comandante e suo Stato Maggiore 1 generale, 2 maggiore dello Stato Maggiore, 3 maggiore del Genio, 4 maggiore dei Dragoni, 5 colonnello degli Zuavi, 6 colonnello Fanteria di linea, 7 maggiore di Artiglieria, 8 colonnello Cacciatori indigeni, 9 ufficiale Intendenza militare, 10 capitano dei gendarmi, 11 capitano del Treno.*

▲ *Tav. II - Il Genio 1 tamburi, 2 tenente, 3 sergente, 4 soldati.*

▲ *Tav. III – Artiglieria 1 trombe, 2 tenente, 3 sergente e marescialli d'alloggio.*

▲ *Tav. III – Artiglieria 4 brigadiere, 5 serventi.*

▲ *Tav. IV - Treno Militare 1 maresciallo d'alloggio, 2 carro di batteria.*

▲ *Tav. V - Cacciatori indigeni 1 trombe, 2 sotto-tenente, 3 sergente, 4 caporale, 5 soldati.*

▲ *Tav. VI - Fanteria di linea 1 guastatori, 2 tamburo maggiore, 3 tamburini, 4 tamburo dei granatieri, 5 capobanda, 6 concerto.*

▲ *Tav. VII - Fanteria di linea 1 cappellano, 2 tenente, 3 sergente, 4 granatieri, 5 portabandiera, 6 capitano, 7 sergente maggiore, 8 fucilieri, 9 trombe, 10 sotto-tenente volteggiatori, 11 caporale, 12 volteggiatori.*

*Tav. VIII - Comandanti di piazza e carabinieri esteri 1 capitano comandante di piazza, 2 tenente, 3 sergente, 4 caporale, 5 soldati.*

*Tav. IX – Zuavi 1 trombe, 2 tenente, 3 portabandiera, 4 sergente, 5 caporale, 6 soldati.*

*Tav. X- Legione d'Antibo (Antibes) 1 trombe, 2 tenente, 3 sergente, 4 caporale, 5 soldati.*

*Tav. XI – Dragoni 1 trombe, 2 tenente, 3 brigadiere, 4 soldati.*

*Tav. XII - Gendarmi scelti 1 sotto-tenente, 2 brigadiere 3 gendarmi.*

*Tav. XIII - Gendarmi a piedi e Squadriglieri 1 tenente, 2 brigadiere, 3 gendarmi, 4 squadriglieri.*

*Tav. XIV - Ambulanza – Sedentari 1 ufficiale sanitario 2 caporale maggiore, 3 soldati infermieri, 4 sergente, 5 sedentari, 6 caporale.*

*Tav. XV - Guardie municipali - di Polizia - Finanza- Vigili 1 Guardie municipali, 2 Guardie di polizia, 3 capitano, 4 caporale, 5 Guardie di finanza, 6 capitano dei Vigili, 7 sergente, 8 tromba, 9 vigili.*

*Tav. XVI - Guardia urbana o volontari pontifici 1 sotto-tenente, 2 sergente, 3 caporale, 4 guardie.*

*Tav. XVII – Marina 1 tenente di vascello, 2 nostromo, 3 timoniere, 4 marinai.*

Tav. XVIII - Guardie nobili 1 tromba, 2 cadetto 3 guardie.

*Tav. XIX - Guardia palatina d'onore 1 tamburi, 2 sotto-tenente, 3 sergente, 4 guardie.*

*Tav. XX - Guardia Svizzera 1 capitano, 2 sergente, 3 caporale, 4 tamburi, 5 guardie.*

*Tav. XXI Corteo papale alle cappelle pontificie.*

*Tav. XXII Corteo papale alle cappelle pontificie.*

*Tav. XXIII Corteo papale alle cappelle pontificie.*

*Tav. XXIV Corteo papale alle cappelle pontificie.*

*Tav. XXV Corteo papale alle cappelle pontificie.*

*Tav. XXVI - Corteo papale alle cappelle pontificie.*

*Tav. XXVII Corteo papale alle cappelle pontificie.*

Tav. XXVIII - *Corteo papale alle cappelle pontificie.*

*Tav. XXIX - Solenne processione vaticana del Corpus Domini. Di sua santità Gregorio XIII 1839 circa.*

# NOTE ALLE TAVOLE DEL VIVIANI

*Tav. VI* - Nel gennaio 1868 in Francia le compagnie scelte furono abolite e le spalline rosse estese a tutti; questa riforma venne introdotta anche nell'esercito pontificio, ma la relativa disposizione non è stata reperita.

*Tav. IX* – Gli zuavi portavano un berretto a visiera grigio-celeste oppure un fez rosso per i servizi interni; nel 1867, per provvederli di un copricapo di parata, fu adottato un piccolo colbacco di falso astrakan.

*Tav. XX* - Gli elmi col chiodo delle Guardie Svizzere, adottati nel 1850, erano quelli portati in precedenza dalla disciolta Guardia Civica Romana. Gli attuali morioni di stile cinquecentesco sono stati introdotti nel 1903.

*Tav. XXI a XXVIII Corteo papale alle cappelle pontificie.* Erano dette "Cappelle pontificie" le funzioni celebrate dal papa nelle diverse basiliche e chiese di Roma. Ad esse egli si recava in carrozza col "col treno di città", detto impropriamente "di campagna", aperto dal Prelato elemosiniere in carrozza seguito da dragoni e gendarmi scelti; veniva poi il Cavallerizzo maggiore, le Guardie Nobili in tenuta di mezza gala blu, il Crocifero a cavallo di una mula bianca, i Palafrenieri Pontifici a piedi col ferraiolone e infine il pontefice attorniato dalle Guardie Svizzere. Notare che la carrozza del papa viene mostrata senza cocchiere e guidata da un "cavalcante". Chiudevano il corteo altre carrozze con a bordo prelati e dignitari.

*Tav. XXIX - Solenne processione vaticana del Corpus Domini. Di sua santità Gregorio XIII 1839 circa. Busuttil, Salvatore. Gregory XVI, Pope, 1765-1846. stampato presso Edoardo Minelli*

L'Esercito Pontificio in alta uniforme negli ultimi anni prima del 1870 e i Corpi Armati in servizio di Sua Santità facenti parte della Corte Pontificia = = = =

Corteo Papale alle Cappelle Pontificie

il tutto ordinato e disegnato

dal Cav. CAMILLO VIVIANI

▲ *Frontespizio originale dell'album. Collezione dell'autore*

# APPENDICI

## APPENDICE 1 - MONSIGNOR SAVERIO DE MÉRODE (1820 - 1874)

Appartenente a una delle maggiori famiglie dell'aristocrazia belga e ufficiale di fanteria, Saverio de Mérode scelse nel 1846 la vita ecclesiastica. Ordinato sacerdote il 22 settembre 1849 e divenuto cappellano militare, il 12 aprile 1850 Pio IX lo nominò «cameriere segreto». In curia de Mérode finì per diventare il capo dell'opposizione al cardinale Antonelli, la cui antiquata politica fondava la difesa dello Stato Pontificio sull'appoggio delle potenze sedicenti cattoliche.

La guerra del 1859, che vide contrapporsi Francia e Austria (i due stati sui quali Antonelli riponeva la sua fiducia) diede a de Mérode l'opportunità di applicare le sue idee, basate sul ricorso diretto della Santa Sede al mondo cattolico. Dal febbraio 1860 si dedicò all'opera di ricostituzione e ampliamento dell'esercito, portato in pochi mesi a oltre 21.000 uomini.

Dopo Castelfidardo de Mérode rimase «proministro delle Armi» fino al 6 ottobre 1865 quando Pio IX fu obbligato a esonerarlo dall'incarico dalle mene di Napoleone III e di Antonelli. Nel 1865 fu nominato arcivescovo titolare di Melitene ed «elemosiniere segreto», entrando nel 1866 i vescovi assistenti al soglio pontificio. Dopo la presa di Roma de Méode cominciò a declinare nella salute, occupandosi solo di opere di carità cui si dedicava e collaborando con l'archeologo G. B. De Rossi per gli scavi nelle catacombe di S. Domitilla, che egli aiutò a portare in luce. Morì a Roma l'11 luglio 1874[1].

1 Sergio Pagano, *MÉRODE, Frédéric-François-Xavier de*, in *Dizionario Biografico degli Italiani*, Volume 73 (2009), Roma, Istituto della Enciclopedia Italiana, ed. elettronica.

## APPENDICE 2 - IL GENERALE HERMANN KANZLER (1822 –1888) ULTIMO COMANDANTE DELL'ESERCITO PONTIFICIO

Nato a Weingarten (Baden) il 28 marzo 1822, nel gennaio del 1844 si dimise dall'esercito badese dopo essersi rifiutato, come cattolico, di battersi a duello. Passato al servizio pontificio nel 1845, entrò come cadetto nel 1° reggimento estero; sottotenente nel 1847, si distinse il 14 maggio 1848 alla difesa di Vicenza. Divenuto maggiore nel 1854, assunse il comando del 2° battaglione del 1° reggimento indigeno; promosso tenente colonnello l'anno dopo, passò al 2° indigeno, di cui divenne colonnello nel 1859 e col quale prese parte alla difesa di Ancona.

Promosso generale di brigata il 27 settembre 1860, durante l'assedio, fu poi ispettore della fanteria; il 15 ottobre 1865 divenne generale di divisione e prominístro delle armi, assumendo anche il comando in capo dell'esercito al posto di Lamoricière morto poco prima.

Il 3 novembre 1867 comandò le truppe pontificie impegnate a Mentana.

Dopo il 20 settembre 1870 Kanzler si trasferì con la famiglia in Vaticano, tornando ad abitare a Roma nel 1878. Fatto barone da Leone XIII, continuò a esercitare le sue funzioni di ministro e comandante in capo, anche se solo simbolicamente, fino alla morte, avvenuta a Roma nella notte tra il 5 e 6 gennaio 1888[2].

2 Piero Crociani, *KANZLER Hermann*, in *Dizionario Biografico degli Italiani*, Volume 62 (2004), Roma, Istituto della Enciclopedia Italiana, ed. elettronica.

# BIBLIOGRAFIA

*Annuario Militare Pontificio. Anno 1867*, Roma, Tipografia della Rev. Cam. Apostolica, 1867.

BATTAGLIA, Antonello, *L'Italia senza Roma. Manovre diplomatiche e strategie militari (1865-1870)*, Roma, Aracne, 2015.

BATTAGLIA, Antonello, *La capitale contesa. Firenze, Roma e la Convenzione di settembre (1864)*, Roma, Nuova Cultura, 2013.

CADORNA, Raffaele, *La liberazione di Roma nell'anno 1870 ed il plebiscito*, 3ª ed., Torino, L. Roux e C., 1898.

COLTRINARI, Massimo, *L'ultima difesa pontificia di Ancona*, Roma, Edizioni Nuova Cultura, 2012-2013, voll. 2.

COULOMBE, Charles A., *The Pope's Legion. The Multinational Fighting Force that defended the Vatican*, New York, Palgrave Macmillan, 2005

CROCIANI, Piero, *KANZLER Hermann*, in *Dizionario Biografico degli Italiani*, Volume 62 (2004), Roma, Istituto della Enciclopedia Italiana, ed. elettronica.

CROCIANI, Piero – FIORENTINO, MASSIMO, *La neuvième Croisade (1860-1870)*, illustrazioni di MASSIMO BRANDANI, Tradition Magazine Hors Série N° 13, 2000.

DALLA TORRE, Paolo, *L'anno di Mentana*, Milano, Martello, [1968].

DALLA TORRE, Paolo, *Materiali per una storia dell'Esercito pontificio*, in *Rassegna Storica del Risorgimento*, 1941, pp. 45-99.

DE CESARE, Raffaele, *Roma e lo Stato del Papa*, Roma, Newton Compton, 1975 (ed. orig. 1907).

DE SAUCLIÈRES, Hercule, *Les intrigues, les menzonges, le brigandages piémontais en Italie*, Paris, Dentu, 1862 (trad. it.: *Il Risorgimento contro la Chiesa e il Sud. Intrighi, crimini e menzogne dei piemontesi*, Controcorrente, Napoli, 2003.

DEL CURATOLO, Dario, *Storia della guardia svizzera pontificia e dei corpi militari pontifici disciolti nel 1970*, Varese, Macchione, 2006.

ESPOSITO, Gabriele, *Armies of the Italian Wars of Unification 1848-70 (2), Papal States, Minor States & Volunteers*, illustrazioni di GIUSEPPE RAVA, Oxford, Osprey, 2018.

*Gli Eserciti italiani dagli stati preunitari all'unità nazionale*, Novara, Istituto Geografico De Agostini, 1984.

HEIM, Bruno Bernardo *L'araldica della Chiesa Cattolica*, Città del Vaticano, Libreria Editrice Vaticana, 2000.

KANZLER, Ermanno, *Rapporto alla S. di N. S. Papa Pio IX sulla invasione dello Stato Pontificio nell'autunno 1867*, Roma, «Civiltà Cattolica», 1868.

*L'esercito pontificio da Castelfidardo a Porta Pia (1860-1870)*, testo e illustrazioni di MASSIMO BRANDANI, PIERO CROCIANI e MASSIMO FIORENTINO, Milano, INTERGEST, 1976.

*Les Zouaves Pontificaux*, in *Le Colback*, n° 12, Toulouse, s.d. (1985 circa).

MONTANELLI, Indro, *L'Italia dei notabili (1860-1900)*, Milano, Rizzoli, 1973.

MORONI, Gaetano, *Dizionario di erudizione storico-ecclesiastica*, Venezia, Tipografia Emiliana, 1840-1861, voll. 103.

MARTINA, GIACOMO, *Pio IX (1851-1866)*, Roma, Editrice Pontificia Università Gregoriana, 1986.

PAGANO, Sergio, *MÉRODE, Frédéric-François-Xavier de*, in *Dizionario Biografico degli Italiani*, Volume 73 (2009), Roma, Istituto della Enciclopedia Italiana, ed. elettronica.

PIERI, Piero, *Storia militare del Risorgimento*, Torino, Einaudi, 1962.

TAMBLÉ, Donato, *Esercito ed economia militare nello Stato Pontificio (secoli XVI-XIX). Profilo storico e fonti nell'Archivio di Stato di Roma*, in *Storia economica della guerra*, Atti del convegno, Varallo 21-22 settembre 2007, Roma, Società Italiana di Storia Militare "Quaderno 2007-2008", 2008, pp. 217-236

VIGEVANO, Attilio, *La campagna delle Marche e dell'Umbria*, Roma, Poligrafico della Guerra, 1923.

VIGEVANO, Attilio, *La fine dell'esercito pontificio*, Roma, Stabilimento poligrafico per l'amministrazione della Guerra, 1920 (Rist. anast., Parma, Albertelli, 1994).

[VIVIANI, Camillo], *L'esercito pontificio in alta uniforme negli ultimi anni prima del 1870 e i corpi armati in servizio di Sua Santità facenti parte della corte pontificia - Corteo papale alle cappelle pontificie*, Bergamo, Istituto Italiano d'Arti Grafiche, 1912.

«Wikipedia» (Le voci di questo sito, assolutamente anonime e modificabili da chiunque, spesso non sono affidabili o con troppi errori, come è purtrroppo il caso delle voci relative all'esercito pontificio).

# TITOLI PUBBLICATI - ALREADY PUBLISHING

SOLDIERS&WEAPONS 037

www.ingramcontent.com/pod-product-compliance
Ingram Content Group UK Ltd.
Pitfield, Milton Keynes, MK11 3LW, UK
UKHW062006290726
14090UKWH00022B/1420